PÈLERINAGES MARSEILLAIS

Guide pratique et historique à l'usage du Pèlerin et du Touriste

LE CABOT

ET LE

SANCTUAIRE DE SAINT-JOSEPH

PAR

J.-H. MARTIN ET THADDÉE-SUCHE

MARSEILLE
IMPRIMERIE MARSEILLAISE
Rue Sainte, 39
—
1896

LE CABOT

ET LE

SANCTUAIRE DE SAINT-JOSEPH

PELERINAGES MARSEILLAIS

Guide pratique et historique à l'usage du Pèlerin et du Touriste

LE CABOT

ET LE

SANCTUAIRE DE SAINT-JOSEPH

PAR

J.-H. MARTIN ET THADDÉE-SUCHE

MARSEILLE

IMPRIMERIE MARSEILLAISE

Rue Sainte, 39

1896

Le décret proclamant saint Joseph patron de l'Église universelle sera un évènement des plus considérables au XIXe siècle.

Dans la région suburbaine de Marseille un petit sanctuaire existait déjà lorsque Pie IX, d'heureuse mémoire, décréta, le 10 décembre 1870, urbi et orbi, *que l'Église catholique avait auprès de Dieu un protecteur puissant en saint Joseph. Ce décret fut pour les fidèles marseillais un encouragement et une marque de confiance. Depuis quelques années, le culte à ce grand saint s'était manifesté d'une façon éclatante en l'honorant comme patron du diocèse.*

Mgr Place, dans son mandement de l'année 1873, recommanda, comme lieu de pèlerinage le modeste oratoire de Saint-Joseph au Cabot. Notre ancien prélat témoignait aussi le désir que ce culte à saint Joseph se répandît et s'affirmât davantage dans les cœurs catholiques.

C'est pour répondre au vœu de notre ancien évêque et pour être agréables aux pèlerins et touristes qui se rendent annuellement au sanctuaire vénéré, que nous publions aujourd'hui ce petit opuscule, extrait d'un travail plus important sur le quartier et le sanctuaire du Cabot.

Combien sont nombreux ceux qui, après une visite à ce coin remarquable de notre banlieue, retournent peu satisfait de leur pérégrination à cause du manque de renseignements tant au point de vue historique qu'au point de vue pratique. Aussi, pour combler cette regrettable lacune, nous donnons en ces quelques pages l'historique du monument, les motifs qui ont présidé à son édification, un aperçu sur la situation topographique et un chapitre spécial concernant tous les renseignements et toutes les indications indispensables au visiteur.

Aux quelques lignes d'introduction qui précèdent nous ajouterons des remerciements sincères à tous ceux qui nous ont aidés de leurs souvenirs personnels. Nous exprimons toute notre gratitude à M. l'abbé Mouton, dont les judicieuses observations ont facilité en partie notre tâche.

Heureux serons-nous, si, malgré les imperfections de notre travail, nous parvenons à intéresser le lecteur, à lui être de quelque utilité dans ses excursions et à faire connaître et aimer cet endroit charmant de Marseille.

Le Cabot, 19 mars 1896.

LE CABOT

Le Cabot, qui compte aujourd'hui une centaine de feux, est placé gracieusement sur la vieille route de Marseille à Cassis (1). Il dépend du quartier de Sainte-Marguerite, dont il est éloigné d'un quart de lieue. Ce n'est qu'une agglomération formant un hameau populeux ayant assez d'animation et quelque peu de commerce. Son origine ne remonte qu'au premier quart de ce siècle. Les cartes topographiques de l'époque le désignent sous le nom de *Cab*. Ce mot, dont a fait Cabot, signifie, en provençal : auberge, cabaret. On trouve encore de ces anciennes auberges sur le grand chemin d'Aix, à Septèmes et à Notre-Dame ; et sur la route de Marseille à Draguignan, au Logis-Neuf, à la Bourdonnière et à Pichauri. Avec leur branche de pin suspendue sur la porte et leur enseigne rouillée grinçant à tous les vents,

(1) La dernière statistique accuse 500 habitants environ.

elles sont un peu démodées de nos jours, surtout depuis la création des chemins de fer.

Le *Cab* ou *Cabot* n'était autre chose qu'une de ces auberges postée là à l'entrée des gorges de Luminy. Carrioles et diligences s'y arrêtaient pour y passer la nuit et y prendre des provisions de route.

A l'origine, ce n'était qu'une simple maison de modeste apparence, aux toitures basses, aux murs blancs et percés de fenêtres minuscules.

Ces constructions bien pauvres, assises sur le bord des chemins, étaient cependant pour le roulier un refuge bien commode, et répondaient de même aux nombreux besoins de ceux que les affaires obligeaient à courir les routes.

Petit à petit l'auberge s'agrandit, de nouvelles constructions s'élevèrent tout autour. L'animation devint plus grande et le commerce augmenta. Des boutiques s'ouvrirent. Quelques paysans, perdus dans la campagne, délaissèrent leurs vieilles bastides pour venir se grouper là sur le passage des voyageurs. Peu à peu le hameau se forma. De nouvelles demeures surgirent du sol. Antiques et délabrées, suant la vieillesse de toute part, ces pauvres maisons, dont l'étonnante simplicité nous rappelle la proverbiale bonhomie de nos arrière-grand'mères, reposent aujourd'hui, comme elles, leurs membres rompus dans l'éblouissante chaleur du soleil.

Depuis, le Cabot a bien changé d'aspect.

C'est aujourd'hui comme un petit village qui a son servicc régulier d'omnibus, sa boîte à lettres, une école de filles et de garçons, une magnifique place publique où vient aboutir un boulevard spacieux bordé d'arbres. Il suffirait seulement de prolonger cette voie jusqu'au nouveau boulevard de Mazargues, pour faire du Cabot un des hameaux les plus fréquentés de la banlieue de Marseille. Déjà les splendides villas qui longent la route de Cassis disent assez combien le sol y est fertile et le climat agréable, surtout depuis que le canal de Marseille y est venu combattre la sécheresse.

***

Quand on quitte le hameau et que l'on continue à suivre la route de Cassis, la campagne change d'aspect. Les prosaïques murs de la banlieue de Marseille cessent bientôt et vous voilà en pleine colline. L'air vif vous jette au nez les parfums délicats du thym, tandis que là-bas, le long de la route, le soleil se joue sur les buissons de genêts sauvages aux fleurs jaunes. On est à l'entrée du vallon de Vaufrège.

A droite, à une altitude de 52 mètres dans la verdure des pins et des chênes, une chapelle gothique dresse sa flèche toute blanche dans l'azur brillant du ciel : c'est Saint-Joseph du Cabot. Nous ne connaissons pas, dans les environs de Marseille, un sanctuaire plus pittoresque, tant par sa position que par l'heureuse proportion de sa silhouette.

Pour y grimper, on quitte la route au niveau du Canal. Le chemin charretier serpente sous les pins, bordé d'odorante verdure. Au fur et à mesure que vous montez dans les cailloux, l'horizon s'élargit. Au loin, tout là-bas, à droite, Notre-Dame de la Garde, brillante d'or, vous apparaît soudain comme une douce vision. Vous montez encore, c'est un coin de mer que vous découvrez ; vous montez toujours, c'est la ville aux mille toitures, aux ciels-ouverts pétillants de reflets métalliques. Enfin, au sommet du mamelon, c'est l'immensité qui vous accable alors de sa stupéfiante beauté ; c'est la mer bleue aux îles blanches : le Château d'If, Pomègue, Ratoneau. Dans le lointain, bornant l'horizon, la chaîne de l'Estaque confond sa teinte grise aux reflets bleuâtres des montagnes de l'Etoile et de Notre-Dame des Anges.

Au point le plus élevé on a en face la Tête du Maure (1) et la Tête de Puget (2) ou *Testo*

(1) En provençal : *La Testo dòu Mourou.* Cette désignation pittoresque est sans doute un souvenir du passage des Sarrasins dans le quartier. On sait que les Arabes ont toujours campé au sommet des collines, sur des points assez élevés qui leur permettaient d'observer la plaine.

(2) La légende veut que le célèbre artiste ait contribué à donner à cette masse rocheuse la perspective qui la fait ressembler à une tête gigantesque.

Pelado (1). A vos pieds, la route blanche de Cassis serpente en méandres tortueux dans le fond du ravin, tandis que, sur la gauche, Goufone, petit torrent presque à sec, s'enfuit vers Mazargues, ceignant de ce côté la base du mamelon de ses replis capricieux.

(1) En français : *Tête pelée*. Expression exacte, rappelant l'aridité du sol dépourvu sur ce point de toute végétation.

LE SANCTUAIRE DE SAINT-JOSEPH

Le sanctuaire de Saint-Joseph du Cabot complète la trilogie de pieux rendez-vous des fidèles marseillais (1).

Au pied de l'agreste colline, dont nous venons de parler, au sommet de laquelle s'élève la remarquable chapelle dédiée au grand protecteur de l'Eglise universelle, le voyageur s'arrête surpris d'admiration à la vue de cet édifice qui semble surgir du sol, dressant dans l'espace sa masse imposante aux grandioses proportions.

Cet ensemble architectural dominé par son campanile, profilant sa belle silhouette dans les cieux, symbole de prières et de reconnaissance, offre un aspect plein de grâce et de majesté ; faisant accroire, par un heureux effet de perspective, à des dimensions plus grandes qu'elles ne sont en réalité.

(1) Saint Joseph du Cabot, La Salette, Tour-Sainte.

L'intérieur du monument répond en tout point à son ordonnance extérieure; son unité architecturale est dans le style gothique du XIIIe siècle, aussi bien en ce qui concerne les détails qui le décorent que l'ensemble de sa construction. La chapelle est représentée par un grand vaisseau de 32 mètres de long, d'une élégante beauté; la sobriété de la décoration lui donne une physionomie empreinte d'un grand sentiment de foi.

Une seule grande nef, partie capitale de l'édifice, s'ouvre entre les murs latéraux, sur une largeur de 6 mètres 50, divisés de chaque côté par trois travées régulières et symétriques. Chacune de ces travées est flanquée d'une colonne avec chapiteau soutenant la retombée des arcs-doubleaux de la voûte. Entre chaque arc-doubleau, des nervures saillantes se coupent en diagonale et se recourbent en ogive.

L'abside qui termine la nef est à pans coupés. Dans chacun des angles est cantonnée une colonne sur le chapiteau de laquelle reposent les nervures divisant la voûte en cinq quartiers.

L'arc-doubleau, aux moulures saillantes, qui termine la nef et la sépare du sanctuaire repose sur un faisceau de colonnes au plan multilobe et établit une symétrie parfaite avec celui de la première travée.

Un simple cordon à la base des fenêtres règne autour de la grande nef et de l'abside, rompant ainsi l'uniformité des parois des murs.

A chaque travée qui divise les murs latéraux correspond une chapelle dont le caractère architectural ne diffère en rien de celui adopté pour le vaisseau (1).

Les chapelles sont absolument identiques, tant au point de vue de la forme que de l'ornementation. Leur profondeur est de 2 mètres 50. Un autel occupe le fond de chacune d'elles, sous un vocable différent. La première en entrant, du côté de l'épître, est dédiée à saint Louis, roi de France ; la seconde, à Notre-Dame de Lourdes, Immaculée Conception ; la troisième, à saint Pierre. Du côté opposé, toujours en entrant, la première est sous le vocable de sainte Marie-Madeleine, la seconde du Sacré-Cœur, la troisième de saint Michel Archange (2).

Sur l'entrée même de l'édifice s'élance avec hardiesse, à trente mètres de hauteur, le campanile, dont la flèche octogone contribue si puissamment à l'effet grandiose de la superbe église. Un vestibule a été ménagé dans la base donnant accès dans la nef sous la tribune. La disposition de cette dernière est heureusement soutenue par trois arcades ogivales qui forment ainsi un petit porche à l'entrée du

(1) C'est sur les murs latéraux de ces chapelles que sont appliquées les stations du chemin de croix solennellement érigé le 19 mars 1883.

(2) Cette statue fut bénite le premier jour de l'octave de l'année 1884.

grand vaisseau. Cette partie de l'édifice est éclairée par deux quatre-feuilles dont les verrières représentent du côté droit Notre-Dame du Saint-Rosaire, et, du côté opposé, saint Joseph (1).

Le fond de l'abside est occupé par le maître-autel. Il est de même composition que l'appui de communion, en pierre blanche soigneusement ouvrée.

Dans le sanctuaire, deux grands pans de mur précèdent l'abside, percés chacun dans sa partie haute d'une fenêtre géminée divisée par un meneau vertical. Chacune de ces fenêtres est occupée par des verrières dont les sujets font suite à ceux que représentent les onze vitraux historiés de la chapelle.

Dans la partie basse, du côté de l'évangile, une porte se trouve ménagée dans le milieu de la travée, établissant ainsi une communication avec la sacristie adossée sur le côté gauche du sanctuaire (2).

Dans les cinq quartiers de l'abside se développe l'ogive des fenêtres dont la variété des vitraux produit un effet merveilleux. Ces derniers sortent, d'ailleurs, des ateliers de

(1) C'est par la première de ces rosaces que les voleurs s'introduisirent dans la chapelle, il y a quelques années.

(2) La sacristie est ornée de trois tableaux peints dans le goût de l'école italienne. Deux représentent les portraits de Grégoire XVI et de Pie IX, le troisième saint Joseph tenant l'enfant Jésus dans ses bras.

M. Lévêque, à Beauvais, sous la direction duquel ils ont été exécutés (1).

La façade principale, flanquée de ses deux tourelles octogones, produit un effet ravissant. Une arcade ogivale, aux moulures accusées, donne accès à un petit porche. Au-dessus de l'arceau de l'ogive se trouve l'inscription : « *Ite ad Joseph* », pleine d'enseignement et d'espérance.

A la hauteur du premier étage, un balcon court sur toute la largeur de la façade. De ce point la vue s'étend au loin sur la campagne. La bénédiction a été donnée, dans maintes circonstances, de ce balcon, à la foule de fidèles qui ne pouvait pénétrer dans l'intérieur de la chapelle.

A l'étage supérieur, une fenêtre ogivale géminée orne cette partie de la façade. Au-dessus, la chambre des cloches, aux baies coupées par un meneau vertical carré, laisse apercevoir au loin une échappée de ciel bleu.

Une seule cloche, ornement de l'ancien petit oratoire, est là, appelant de sa voix frêle et argentine les fidèles aux pieds des autels. On arrive à cette partie du clocher par les cent deux gradins que renferme la tourelle de droite.

(1) Ces verrières, dont nous donnerons la description détaillée dans un travail plus important, ont été offertes par de pieux donateurs et représentent les principaux traits de la vie de saint Joseph.

La tourelle placée sur le côté opposé donne accès à la tribune.

Le tout s'harmonise très bien avec l'ensemble de l'édifice dont nous venons de donner les grandes lignes.

Ce beau monument a été élevé par la piété d'une noble dame dont nous parlerons plus loin et d'après les plans de M. Bérengier, architecte avantageusement connu de notre diocèse par les nombreux édifices religieux dont il l'a doté.

Il fut construit sur l'emplacement d'une modeste chapelle qui a été, à Marseille, le berceau de la grande dévotion à saint Joseph. Aussi allons-nous, dans les lignes suivantes, essayer de donner aux lecteurs un aperçu de son histoire, qui, comme toute chose d'ici-bas, a eu ses jours de splendeur et de joie.

*
* *

Cette chapelle primitive appartenait à un honorable industriel marseillais, M. Payen, qui l'avait élevée, en 1843, en l'honneur de saint Joseph, pour le remercier des nombreuses grâces qu'il avait obtenues par son intercession. Une plaque de marbre, placée actuellement derrière le maître-autel de la nouvelle église rappelle la date exacte de cette fondation. Elle est ainsi conçue :

D. O. M.
HANC ÆDEM D. JOSEPHO FUNDAVIT
JOSEPH CÆSAR AUGUSTUS PAYEN
BENEDIXIT DD. CAROLUS JOSEPH EUGENIUS
DE MAZENOD EPISCOPUS MASSILIENSIS
X DECEMBRIS M DCCC XL III
PP. GREGORIO XVI

Ce modeste oratoire ne présentait aucune particularité remarquable au point de vue du style et même de la construction. Il n'avait qu'une seule petite nef pouvant contenir à peine une quarantaine de personnes. Le frontispice de la porte d'entrée portait l'inscription : « *Ite ad Joseph* », qui a continué, dans la suite, à désigner le sanctuaire du Cabot,

Dans l'intérieur, un autel surmonté de la statue du Saint formait le principal ornement de cette chapelle (1). De nombreuses indulgences étaient attachées à cet autel privilégié, ainsi qu'il en conste par un acte dont la copie de l'original est déposée aux archives du couvent du Saint-Cœur de Marie (2).

(1) Lors de la reconstruction de l'église, cette statue est devenue la propriété des religieuses du couvent de Notre-Dame de Charité, dit du Saint-Cœur de Marie, fondé le 11 février 1863. Pendant longtemps elle a été en grande vénération parmi les habitants du Cabot.

(2) Nous devons ce renseignement à l'obligeance de Mme la Supérieure.

La garde de ce petit oratoire fut confiée pendant quelques années à un ermite ; ce solitaire vivait là des aumônes que les habitants des environs lui faisaient pour l'amour de Dieu. Mais, un jour, trois malfaiteurs frappèrent à la porte de son ermitage, se firent servir à manger et à boire et, le soir, quand la nuit fut venue, lui demandèrent de l'argent, qu'il n'avait pas, et, sur ce, le maltraitèrent de telle façon, que le pauvre homme s'enfuit tout ensanglanté par les sentiers obscurs de la colline. Au couvent, on eut peur de lui ouvrir à pareille heure ; il passa la nuit dans le bois et le lendemain quitta l'ermitage (1).

Ce point de la banlieue de Marseille n'était pas, comme de nos jours, fréquenté par la foule. A la chapelle, les offices religieux se célébraient seulement le jour de la fête du Saint et pendant l'octave du Patronage. Aussi, bien peu de fidèles s'y rendaient.

Mais, bientôt, la dévotion à saint Joseph s'étant accrue grâce à l'impulsion que lui donna Mgr de Mazenod, chaque année amena des pèlerins plus nombreux au sanctuaire vénéré.

Il est bon de rappeler que notre ancien prélat, par un décret de 1839, ordonna que désormais Marseille honorerait saint Joseph comme

(1) On nous a assuré que cet ermite vivait encore et gardait actuellement un sanctuaire consacré à la Sainte Vierge dans le diocèse de Fréjus.

patron du diocèse, et que, partout où les églises comporteraient trois autels, un serait dédié à ce Saint (1). Pie IX étendit ce culte, en proclamant saint Joseph patron de l'Eglise universelle, par un décret du 10 décembre 1870 (2).

A partir de ce jour, la dévotion à ce Saint ne fit que grandir, et son sanctuaire devint petit à petit le rendez-vous pieux d'un grand nombre de visiteurs. Mgr Place, dans son mandement de l'année 1873 (18 mars), recommanda d'une manière toute spéciale le sanctuaire du Cabot comme lieu de pèlerinage.

La population se rendit aux recommandations de notre évêque et y trouva une nouvelle manifestation de la foi pour honorer et répandre le culte en l'honneur du père nourricier de Jésus. A quelques mois d'intervalle eut lieu l'inauguration des pèlerinages à Saint-Joseph tant préconisés par l'évêque de Mar-

(1) Mgr de Mazenod désirait même que la statue du patriarche de l'Eglise tenant l'enfant Jésus dans les bras, fût représentée, selon les données de l'Evangile, sous les traits d'un homme à l'âge parfait, puisque saint Joseph devait n'avoir qu'une quarantaine d'années, quand Jésus n'était encore qu'un enfant.

(2) C'est par une heureuse coïncidenee, que le Cabot a eu l'honneur de posséder la première église du monde consacrée à saint Joseph comme patron de l'Eglise universelle. C'est pour ce motif que la fête de ce sanctuaire se célèbre solennellement avec octave pour le Patronage.

seille, pèlerinages qui se sont continués, depuis, sans interruption.

Le premier se fit le 3 septembre de l'année 1873, au milieu d'un concours immense de fidèles. Nous ne saurions mieux faire que de rapporter l'article publié, par un journal de l'époque, sous la rubrique de « *Faits religieux* » :

« Hier, 3 septembre, a eu lieu le pèlerinage annoncé à l'ermitage Saint-Joseph au Cabot. On sait que la chapelle qui existe sur ce point de notre banlieue, au sommet d'une colline, est un souvenir de la piété de feu M. Payen, un des industriels marseillais qui a laissé les plus honorables souvenirs dans notre ville ; cette chapelle avait été élégamment décorée pour cette occasion, à l'extérieur comme à l'intérieur. De grand matin on a vu de nombreux pèlerins y accourir et couvrir la colline.

« La messe a été célébrée à 7 heures, en plein air, par M. le grand vicaire Fourquier. M. l'abbé Payan d'Augery a prononcé un discours qui a produit la plus vive impression sur son innombrable auditoire, puis la bénédiction du saint sacrement a été donnée ; elle a été suivie d'une longue procession dont les longues files se sont déroulées à travers les sentiers et les bois de pins qui revêtent un des côtés de la colline. Des chants religieux n'ont cessé de se faire entendre ; ils alternaient avec l'exécution de divers morceaux par la musique du 55e de ligne et la fanfare de Sainte-Marguerite (1). »

Devant cette foule immense de pèlerins accourus à cette occasion, dont le nombre dépassa 6.000 personnes (2), la chapelle ayant été jugée insuffisante, une dame, dont la générosité n'a d'égal que la piété, se chargea d'élever un temple plus digne au chaste époux de la Vierge Marie (3). Grâce à la munificence et à la charité de Mme Rey-Baillet, le Cabot se trouva doté de ce superbe monument. Les travaux de construction durèrent peu. L'inauguration de la nouvelle chapelle eut lieu le samedi 6 mai 1876, veille de la fête du Patronage, au milieu d'un concours immense de peuple. La cérémonie fut présidée par l'évêque de Marseille (4), qui prononça une allocution chaleureuse, témoignant toute sa reconnaissance envers la noble bienfaitrice à laquelle le diocèse était redevable de ce nouveau sanctuaire.

(1) *Gazette du Midi*, du 5 septembre 1873.

(2) *Ibidem.*

(3) En principe, l'ancien petit oratoire était dédié à saint Joseph Calasanct, fondateur, à Rome, des Ecoles Pies et patron de la jeunesse. C'est sans doute à M. Caire, directeur d'Œuvre, collaborateur et ami de M. Payen, que revient l'honneur d'avoir établi ainsi, à Marseille, la dévotion à ce grand saint. Comme saint Joseph Calasanct était peu connu en France, l'opinion du peuple, qui ne connaissait de ce nom que le père nourricier de Jésus, prévalut bientôt.

(4) Mgr Place.

Monseigneur procéda ensuite à la bénédiction de la belle statue de saint Joseph qui surmonte actuellement le maître-autel. Pendant la célébration de la messe, par M. l'aumônier du monastère du Saint-Cœur de Marie, la chorale du Sacré-Cœur exécuta divers motets. La cérémonie se termina par la bénédiction pontificale.

Cette grandiose manifestation de la foi et de l'amour de notre religion sera d'un impérissable souvenir pour ceux qui en ont été les heureux témoins.

Nous ne terminerons ces quelques lignes sans dire un mot du splendide couvent des religieuses du Saint-Cœur de Marie, qui, depuis plusieurs années, sont propriétaires de la colline Saint-Joseph. Cette vaste demeure a été construite en 1869, sous l'habile direction de M. Bérengier. Nous recommandons aux pèlerins ainsi qu'aux touristes sa superbe chapelle ogivale d'une pureté de style irréprochable. Elle a été bénite le 20 mai 1873 par Mgr Place, évêque de Marseille.

Le monastère du Saint-Cœur de Marie appartient au même Ordre que le Refuge du boulevard Baille. Dans cette congrégation, chaque maison s'administre elle-même. Celle du Cabot est une des plus importantes et par la richesse de la construction, et par le grand nombre de ses pensionnaires. On y reçoit, moyennant une faible rétribution mensuelle, des filles et des femmes qui ont eu dans le monde une conduite orageuse et qui viennent réparer, par le repentir et la prière, leurs premiers errements, des jeunes filles légères que leurs parents veulent éloigner pour un temps des occasions du vice, enfin de jeunes personnes vertueuses que l'on élève avec le plus grand soin. Chacune de ces catégories de pensionnaires est absolument isolée. Tout ce monde prie et travaille sous les yeux des religieuses et sous la protection de saint Joseph, dont elles sont les enfants chéries. Aussi conseillons-nous aux pèlerins de ne point quitter la colline sainte sans aller saluer ces nobles gardiennes de Saint-Joseph. Quant à nous, en fermant ces pages, nous avons à cœur de leur offrir nos plus sincères remerciements pour le zèle qu'elles ont mis à contribuer à ce modeste tribut d'hommage au glorieux patron de l'Eglise universelle.

RENSEIGNEMENTS

Le hameau du Cabot est situé à 5 kilomètres 500 de Marseille, dans sa direction midi; il fait partie du quartier de Sainte-Marguerite, dont il est éloigné de 2 kilomètres environ. Il est compris dans la justice de paix du 7me canton (rue Pierre-Dupré, 9), du 20me arrondissement de police dont le bureau est à Mazargues, et de la perception de la rue Fongate, 25 (8me arrondissement).

La fête du quartier, quand elle a lieu, se célèbre le premier dimanche de juillet.

Pour le service de la poste, une boîte est placée au centre même du village. Deux levées sont faites chaque jour : une le matin, une le soir, sans heure fixe.

Le service public des voitures est assuré par des départs réguliers du Cabot à Marseille et de Marseille au Cabot (station en ville : place Castellane), *voir l'horaire à la dernière page.*

***

On se rend au sanctuaire de Saint-Joseph soit par les omnibus du Cabot (un quart d'heure de marche), soit par ceux de Sainte-Marguerite (une demi-heure de marche). On peut aussi y venir par les omnibus de Mazargues (vingt minutes de marche). Mais il faut, pour cela, bien connaître les chemins de traverse qui conduisent de ce village à Saint-Joseph.

Pendant l'octave du Patronage, de nombreux offices religieux sont célébrés au sanctuaire; *voir l'horaire à la dernière page.*

Chaque année, à cette époque, les pèlerins marseillais se rendent en foule à l'ancien ermitage, plus particulièrement le dernier jour, où le concours de fidèles est si considérable, que la chapelle ne peut contenir tout le monde.

***

Les personnes qui ne seraient pas munies de provisions de bouche trouveront chez le gardien, à prix modéré : pain, vin, chocolat, café au lait, etc., etc.

Une citerne est à la disposition des pèlerins, derrière la chapelle.

Le gardien se charge des ex-voto.

HORAIRE DES OMNIBUS

Service d'été (1er Avril)

(DÉPARTS DE CASTELLANE)

CABOT	SAINTE-MARGUERITE
Premier départ : 7 h. 20 m.	Premier départ : 7 h. 20 m.
— 1 h. 20 s.	— 1 h. 20 s.
Dernier départ : 8 h. soir.	Dernier départ : 8 h. soir.
Dimanches et fêtes	*Dimanches et fêtes*
Premier départ : 6 h. 20 m.	Premier départ : 6 h. 20 m.
Prix des places : 0.30	***Prix des places : 0.20***
Les départs s'effectuent toutes les quarante minutes.	Les départs s'effectuent toutes les vingt minutes.

HORAIRE DES OFFICES RELIGIEUX

Premier et dernier dimanche de l'octave

MATIN	SOIR
A 7 h. 1/2 : messe. A 9 h. 1/2 : grand'messe.	A 4 h. : vêpres, sermon, bénédiction.

N. B. — Pendant la semaine de l'octave, des messes se succèdent à la chapelle à partir de 7 heures.

Le dimanche de clôture, à l'issue des vêpres, procession solennelle.

MARSEILLE. — IMPRIMERIE MARSEILLAISE, RUE SAINTE, 39

139

www.ingramcontent.com/pod-product-compliance
Ingram Content Group UK Ltd.
Pitfield, Milton Keynes, MK11 3LW, UK
UKHW020403250726
13967UKWH00005B/2450